TO-DO LIST NOTEBOOK

PERSONAL AND BUSINESS TASKS WITH PRIORITY STATUS,
DAILY TO DO LIST, CHECKLIST PAPER PREMIUM AGENDA 8.5 x 11

PAPERBCK XPRESS

© Copyright 2018 – PaperBCK XPress

ISBN-13: 9781077162884

ALL RIGHTS RESERVED.
No part of this publication may be reproduced or transmitted in any form whatsoever, electronic, or mechanical, including photocopying, recording, or by any informational storage or retrieval system without express written, dated and signed permission from the publisher.

THIS TO-DO LIST NOTEBOOK BELONGS TO:

NAME:	
ADDRESS:	
HOME#:	**MOBILE#:**
WORK#:	**FAX#:**
EMAIL:	
NOTES:	

EMERGENCY CONTACT DETAILS:

NAME:	
ADDRESS:	
HOME#:	**MOBILE#:**
WORK#:	**FAX#:**
EMAIL:	
NOTES:	

DONE	DATE	DESCRIPTION	PRIORITY		
			LOW	MID	HIGH
☐	[ ]	_____	☐	☐	☐
☐	[ ]	_____	☐	☐	☐
☐	[ ]	_____	☐	☐	☐
☐	[ ]	_____	☐	☐	☐
☐	[ ]	_____	☐	☐	☐
☐	[ ]	_____	☐	☐	☐
☐	[ ]	_____	☐	☐	☐
☐	[ ]	_____	☐	☐	☐
☐	[ ]	_____	☐	☐	☐
☐	[ ]	_____	☐	☐	☐
☐	[ ]	_____	☐	☐	☐
☐	[ ]	_____	☐	☐	☐
☐	[ ]	_____	☐	☐	☐
☐	[ ]	_____	☐	☐	☐
☐	[ ]	_____	☐	☐	☐
☐	[ ]	_____	☐	☐	☐
☐	[ ]	_____	☐	☐	☐
☐	[ ]	_____	☐	☐	☐
☐	[ ]	_____	☐	☐	☐
☐	[ ]	_____	☐	☐	☐

DONE	DATE	DESCRIPTION	PRIORITY		
			LOW	MID	HIGH
☐	[ ]		☐	☐	☐
☐	[ ]		☐	☐	☐
☐	[ ]		☐	☐	☐
☐	[ ]		☐	☐	☐
☐	[ ]		☐	☐	☐
☐	[ ]		☐	☐	☐
☐	[ ]		☐	☐	☐
☐	[ ]		☐	☐	☐
☐	[ ]		☐	☐	☐
☐	[ ]		☐	☐	☐
☐	[ ]		☐	☐	☐
☐	[ ]		☐	☐	☐
☐	[ ]		☐	☐	☐
☐	[ ]		☐	☐	☐
☐	[ ]		☐	☐	☐
☐	[ ]		☐	☐	☐
☐	[ ]		☐	☐	☐
☐	[ ]		☐	☐	☐
☐	[ ]		☐	☐	☐
☐	[ ]		☐	☐	☐

DONE	DATE	DESCRIPTION	PRIORITY		
			LOW	MID	HIGH
☐	[ ]	_____	☐	☐	☐
☐	[ ]	_____	☐	☐	☐
☐	[ ]	_____	☐	☐	☐
☐	[ ]	_____	☐	☐	☐
☐	[ ]	_____	☐	☐	☐
☐	[ ]	_____	☐	☐	☐
☐	[ ]	_____	☐	☐	☐
☐	[ ]	_____	☐	☐	☐
☐	[ ]	_____	☐	☐	☐
☐	[ ]	_____	☐	☐	☐
☐	[ ]	_____	☐	☐	☐
☐	[ ]	_____	☐	☐	☐
☐	[ ]	_____	☐	☐	☐
☐	[ ]	_____	☐	☐	☐
☐	[ ]	_____	☐	☐	☐
☐	[ ]	_____	☐	☐	☐
☐	[ ]	_____	☐	☐	☐
☐	[ ]	_____	☐	☐	☐
☐	[ ]	_____	☐	☐	☐

DONE	DATE	DESCRIPTION	PRIORITY		
			LOW	MID	HIGH
☐	[ ]	_____	☐	☐	☐
☐	[ ]	_____	☐	☐	☐
☐	[ ]	_____	☐	☐	☐
☐	[ ]	_____	☐	☐	☐
☐	[ ]	_____	☐	☐	☐
☐	[ ]	_____	☐	☐	☐
☐	[ ]	_____	☐	☐	☐
☐	[ ]	_____	☐	☐	☐
☐	[ ]	_____	☐	☐	☐
☐	[ ]	_____	☐	☐	☐
☐	[ ]	_____	☐	☐	☐
☐	[ ]	_____	☐	☐	☐
☐	[ ]	_____	☐	☐	☐
☐	[ ]	_____	☐	☐	☐
☐	[ ]	_____	☐	☐	☐
☐	[ ]	_____	☐	☐	☐
☐	[ ]	_____	☐	☐	☐
☐	[ ]	_____	☐	☐	☐
☐	[ ]	_____	☐	☐	☐
☐	[ ]	_____	☐	☐	☐

DONE	DATE	DESCRIPTION	PRIORITY		
			LOW	MID	HIGH
☐	[ ]	_____	☐	☐	☐
☐	[ ]	_____	☐	☐	☐
☐	[ ]	_____	☐	☐	☐
☐	[ ]	_____	☐	☐	☐
☐	[ ]	_____	☐	☐	☐
☐	[ ]	_____	☐	☐	☐
☐	[ ]	_____	☐	☐	☐
☐	[ ]	_____	☐	☐	☐
☐	[ ]	_____	☐	☐	☐
☐	[ ]	_____	☐	☐	☐
☐	[ ]	_____	☐	☐	☐
☐	[ ]	_____	☐	☐	☐
☐	[ ]	_____	☐	☐	☐
☐	[ ]	_____	☐	☐	☐
☐	[ ]	_____	☐	☐	☐
☐	[ ]	_____	☐	☐	☐
☐	[ ]	_____	☐	☐	☐
☐	[ ]	_____	☐	☐	☐
☐	[ ]	_____	☐	☐	☐
☐	[ ]	_____	☐	☐	☐

DONE	DATE	DESCRIPTION	PRIORITY		
			LOW	MID	HIGH
☐	[ ]	_____	☐	☐	☐
☐	[ ]	_____	☐	☐	☐
☐	[ ]	_____	☐	☐	☐
☐	[ ]	_____	☐	☐	☐
☐	[ ]	_____	☐	☐	☐
☐	[ ]	_____	☐	☐	☐
☐	[ ]	_____	☐	☐	☐
☐	[ ]	_____	☐	☐	☐
☐	[ ]	_____	☐	☐	☐
☐	[ ]	_____	☐	☐	☐
☐	[ ]	_____	☐	☐	☐
☐	[ ]	_____	☐	☐	☐
☐	[ ]	_____	☐	☐	☐
☐	[ ]	_____	☐	☐	☐
☐	[ ]	_____	☐	☐	☐
☐	[ ]	_____	☐	☐	☐
☐	[ ]	_____	☐	☐	☐
☐	[ ]	_____	☐	☐	☐
☐	[ ]	_____	☐	☐	☐
☐	[ ]	_____	☐	☐	☐

DONE	DATE	DESCRIPTION	PRIORITY		
			LOW	MID	HIGH
☐	[ ]	_____	☐	☐	☐
☐	[ ]	_____	☐	☐	☐
☐	[ ]	_____	☐	☐	☐
☐	[ ]	_____	☐	☐	☐
☐	[ ]	_____	☐	☐	☐
☐	[ ]	_____	☐	☐	☐
☐	[ ]	_____	☐	☐	☐
☐	[ ]	_____	☐	☐	☐
☐	[ ]	_____	☐	☐	☐
☐	[ ]	_____	☐	☐	☐
☐	[ ]	_____	☐	☐	☐
☐	[ ]	_____	☐	☐	☐
☐	[ ]	_____	☐	☐	☐
☐	[ ]	_____	☐	☐	☐
☐	[ ]	_____	☐	☐	☐
☐	[ ]	_____	☐	☐	☐
☐	[ ]	_____	☐	☐	☐
☐	[ ]	_____	☐	☐	☐
☐	[ ]	_____	☐	☐	☐
☐	[ ]	_____	☐	☐	☐

DONE	DATE	DESCRIPTION	PRIORITY		
			LOW	MID	HIGH
☐	[ ]	_____	☐	☐	☐
☐	[ ]	_____	☐	☐	☐
☐	[ ]	_____	☐	☐	☐
☐	[ ]	_____	☐	☐	☐
☐	[ ]	_____	☐	☐	☐
☐	[ ]	_____	☐	☐	☐
☐	[ ]	_____	☐	☐	☐
☐	[ ]	_____	☐	☐	☐
☐	[ ]	_____	☐	☐	☐
☐	[ ]	_____	☐	☐	☐
☐	[ ]	_____	☐	☐	☐
☐	[ ]	_____	☐	☐	☐
☐	[ ]	_____	☐	☐	☐
☐	[ ]	_____	☐	☐	☐
☐	[ ]	_____	☐	☐	☐
☐	[ ]	_____	☐	☐	☐
☐	[ ]	_____	☐	☐	☐
☐	[ ]	_____	☐	☐	☐
☐	[ ]	_____	☐	☐	☐
☐	[ ]	_____	☐	☐	☐

DONE	DATE	DESCRIPTION	PRIORITY		
			LOW	MID	HIGH
☐	[ ]	_____	☐	☐	☐
☐	[ ]	_____	☐	☐	☐
☐	[ ]	_____	☐	☐	☐
☐	[ ]	_____	☐	☐	☐
☐	[ ]	_____	☐	☐	☐
☐	[ ]	_____	☐	☐	☐
☐	[ ]	_____	☐	☐	☐
☐	[ ]	_____	☐	☐	☐
☐	[ ]	_____	☐	☐	☐
☐	[ ]	_____	☐	☐	☐
☐	[ ]	_____	☐	☐	☐
☐	[ ]	_____	☐	☐	☐
☐	[ ]	_____	☐	☐	☐
☐	[ ]	_____	☐	☐	☐
☐	[ ]	_____	☐	☐	☐
☐	[ ]	_____	☐	☐	☐
☐	[ ]	_____	☐	☐	☐
☐	[ ]	_____	☐	☐	☐
☐	[ ]	_____	☐	☐	☐
☐	[ ]	_____	☐	☐	☐

DONE	DATE	DESCRIPTION	PRIORITY		
			LOW	MID	HIGH
☐	[ ]	_____	☐	☐	☐
☐	[ ]	_____	☐	☐	☐
☐	[ ]	_____	☐	☐	☐
☐	[ ]	_____	☐	☐	☐
☐	[ ]	_____	☐	☐	☐
☐	[ ]	_____	☐	☐	☐
☐	[ ]	_____	☐	☐	☐
☐	[ ]	_____	☐	☐	☐
☐	[ ]	_____	☐	☐	☐
☐	[ ]	_____	☐	☐	☐
☐	[ ]	_____	☐	☐	☐
☐	[ ]	_____	☐	☐	☐
☐	[ ]	_____	☐	☐	☐
☐	[ ]	_____	☐	☐	☐
☐	[ ]	_____	☐	☐	☐
☐	[ ]	_____	☐	☐	☐
☐	[ ]	_____	☐	☐	☐
☐	[ ]	_____	☐	☐	☐
☐	[ ]	_____	☐	☐	☐
☐	[ ]	_____	☐	☐	☐

DONE	DATE	DESCRIPTION	PRIORITY		
			LOW	MID	HIGH
☐	[ ]	_____	☐	☐	☐
☐	[ ]	_____	☐	☐	☐
☐	[ ]	_____	☐	☐	☐
☐	[ ]	_____	☐	☐	☐
☐	[ ]	_____	☐	☐	☐
☐	[ ]	_____	☐	☐	☐
☐	[ ]	_____	☐	☐	☐
☐	[ ]	_____	☐	☐	☐
☐	[ ]	_____	☐	☐	☐
☐	[ ]	_____	☐	☐	☐
☐	[ ]	_____	☐	☐	☐
☐	[ ]	_____	☐	☐	☐
☐	[ ]	_____	☐	☐	☐
☐	[ ]	_____	☐	☐	☐
☐	[ ]	_____	☐	☐	☐
☐	[ ]	_____	☐	☐	☐
☐	[ ]	_____	☐	☐	☐
☐	[ ]	_____	☐	☐	☐
☐	[ ]	_____	☐	☐	☐
☐	[ ]	_____	☐	☐	☐

DONE	DATE	DESCRIPTION	PRIORITY		
			LOW	MID	HIGH
☐	[ ]	_____	☐	☐	☐
☐	[ ]	_____	☐	☐	☐
☐	[ ]	_____	☐	☐	☐
☐	[ ]	_____	☐	☐	☐
☐	[ ]	_____	☐	☐	☐
☐	[ ]	_____	☐	☐	☐
☐	[ ]	_____	☐	☐	☐
☐	[ ]	_____	☐	☐	☐
☐	[ ]	_____	☐	☐	☐
☐	[ ]	_____	☐	☐	☐
☐	[ ]	_____	☐	☐	☐
☐	[ ]	_____	☐	☐	☐
☐	[ ]	_____	☐	☐	☐
☐	[ ]	_____	☐	☐	☐
☐	[ ]	_____	☐	☐	☐
☐	[ ]	_____	☐	☐	☐
☐	[ ]	_____	☐	☐	☐
☐	[ ]	_____	☐	☐	☐
☐	[ ]	_____	☐	☐	☐
☐	[ ]	_____	☐	☐	☐

DONE	DATE	DESCRIPTION	PRIORITY		
			LOW	MID	HIGH
☐	[ ]	_____	☐	☐	☐
☐	[ ]	_____	☐	☐	☐
☐	[ ]	_____	☐	☐	☐
☐	[ ]	_____	☐	☐	☐
☐	[ ]	_____	☐	☐	☐
☐	[ ]	_____	☐	☐	☐
☐	[ ]	_____	☐	☐	☐
☐	[ ]	_____	☐	☐	☐
☐	[ ]	_____	☐	☐	☐
☐	[ ]	_____	☐	☐	☐
☐	[ ]	_____	☐	☐	☐
☐	[ ]	_____	☐	☐	☐
☐	[ ]	_____	☐	☐	☐
☐	[ ]	_____	☐	☐	☐
☐	[ ]	_____	☐	☐	☐
☐	[ ]	_____	☐	☐	☐
☐	[ ]	_____	☐	☐	☐
☐	[ ]	_____	☐	☐	☐
☐	[ ]	_____	☐	☐	☐
☐	[ ]	_____	☐	☐	☐

DONE	DATE	DESCRIPTION	PRIORITY		
			LOW	MID	HIGH
☐	[ ]	_____	☐	☐	☐
☐	[ ]	_____	☐	☐	☐
☐	[ ]	_____	☐	☐	☐
☐	[ ]	_____	☐	☐	☐
☐	[ ]	_____	☐	☐	☐
☐	[ ]	_____	☐	☐	☐
☐	[ ]	_____	☐	☐	☐
☐	[ ]	_____	☐	☐	☐
☐	[ ]	_____	☐	☐	☐
☐	[ ]	_____	☐	☐	☐
☐	[ ]	_____	☐	☐	☐
☐	[ ]	_____	☐	☐	☐
☐	[ ]	_____	☐	☐	☐
☐	[ ]	_____	☐	☐	☐
☐	[ ]	_____	☐	☐	☐
☐	[ ]	_____	☐	☐	☐
☐	[ ]	_____	☐	☐	☐
☐	[ ]	_____	☐	☐	☐
☐	[ ]	_____	☐	☐	☐
☐	[ ]	_____	☐	☐	☐

DONE	DATE	DESCRIPTION	PRIORITY		
			LOW	MID	HIGH
☐	[ ]		☐	☐	☐
☐	[ ]		☐	☐	☐
☐	[ ]		☐	☐	☐
☐	[ ]		☐	☐	☐
☐	[ ]		☐	☐	☐
☐	[ ]		☐	☐	☐
☐	[ ]		☐	☐	☐
☐	[ ]		☐	☐	☐
☐	[ ]		☐	☐	☐
☐	[ ]		☐	☐	☐
☐	[ ]		☐	☐	☐
☐	[ ]		☐	☐	☐
☐	[ ]		☐	☐	☐
☐	[ ]		☐	☐	☐
☐	[ ]		☐	☐	☐
☐	[ ]		☐	☐	☐
☐	[ ]		☐	☐	☐
☐	[ ]		☐	☐	☐
☐	[ ]		☐	☐	☐

DONE	DATE	DESCRIPTION	PRIORITY		
			LOW	MID	HIGH
☐	[ ]	_____	☐	☐	☐
☐	[ ]	_____	☐	☐	☐
☐	[ ]	_____	☐	☐	☐
☐	[ ]	_____	☐	☐	☐
☐	[ ]	_____	☐	☐	☐
☐	[ ]	_____	☐	☐	☐
☐	[ ]	_____	☐	☐	☐
☐	[ ]	_____	☐	☐	☐
☐	[ ]	_____	☐	☐	☐
☐	[ ]	_____	☐	☐	☐
☐	[ ]	_____	☐	☐	☐
☐	[ ]	_____	☐	☐	☐
☐	[ ]	_____	☐	☐	☐
☐	[ ]	_____	☐	☐	☐
☐	[ ]	_____	☐	☐	☐
☐	[ ]	_____	☐	☐	☐
☐	[ ]	_____	☐	☐	☐
☐	[ ]	_____	☐	☐	☐
☐	[ ]	_____	☐	☐	☐

DONE	DATE	DESCRIPTION	PRIORITY		
			LOW	MID	HIGH
☐	[ ]	_____	☐	☐	☐
☐	[ ]	_____	☐	☐	☐
☐	[ ]	_____	☐	☐	☐
☐	[ ]	_____	☐	☐	☐
☐	[ ]	_____	☐	☐	☐
☐	[ ]	_____	☐	☐	☐
☐	[ ]	_____	☐	☐	☐
☐	[ ]	_____	☐	☐	☐
☐	[ ]	_____	☐	☐	☐
☐	[ ]	_____	☐	☐	☐
☐	[ ]	_____	☐	☐	☐
☐	[ ]	_____	☐	☐	☐
☐	[ ]	_____	☐	☐	☐
☐	[ ]	_____	☐	☐	☐
☐	[ ]	_____	☐	☐	☐
☐	[ ]	_____	☐	☐	☐
☐	[ ]	_____	☐	☐	☐
☐	[ ]	_____	☐	☐	☐
☐	[ ]	_____	☐	☐	☐
☐	[ ]	_____	☐	☐	☐

DONE	DATE	DESCRIPTION	PRIORITY		
			LOW	MID	HIGH
☐	[ ]		☐	☐	☐
☐	[ ]		☐	☐	☐
☐	[ ]		☐	☐	☐
☐	[ ]		☐	☐	☐
☐	[ ]		☐	☐	☐
☐	[ ]		☐	☐	☐
☐	[ ]		☐	☐	☐
☐	[ ]		☐	☐	☐
☐	[ ]		☐	☐	☐
☐	[ ]		☐	☐	☐
☐	[ ]		☐	☐	☐
☐	[ ]		☐	☐	☐
☐	[ ]		☐	☐	☐
☐	[ ]		☐	☐	☐
☐	[ ]		☐	☐	☐
☐	[ ]		☐	☐	☐
☐	[ ]		☐	☐	☐
☐	[ ]		☐	☐	☐
☐	[ ]		☐	☐	☐
☐	[ ]		☐	☐	☐

DONE	DATE	DESCRIPTION	PRIORITY		
			LOW	MID	HIGH
☐	[ ]	_____	☐	☐	☐
☐	[ ]	_____	☐	☐	☐
☐	[ ]	_____	☐	☐	☐
☐	[ ]	_____	☐	☐	☐
☐	[ ]	_____	☐	☐	☐
☐	[ ]	_____	☐	☐	☐
☐	[ ]	_____	☐	☐	☐
☐	[ ]	_____	☐	☐	☐
☐	[ ]	_____	☐	☐	☐
☐	[ ]	_____	☐	☐	☐
☐	[ ]	_____	☐	☐	☐
☐	[ ]	_____	☐	☐	☐
☐	[ ]	_____	☐	☐	☐
☐	[ ]	_____	☐	☐	☐
☐	[ ]	_____	☐	☐	☐
☐	[ ]	_____	☐	☐	☐
☐	[ ]	_____	☐	☐	☐
☐	[ ]	_____	☐	☐	☐
☐	[ ]	_____	☐	☐	☐

DONE	DATE	DESCRIPTION	PRIORITY		
			LOW	MID	HIGH
☐	[ ]		☐	☐	☐
☐	[ ]		☐	☐	☐
☐	[ ]		☐	☐	☐
☐	[ ]		☐	☐	☐
☐	[ ]		☐	☐	☐
☐	[ ]		☐	☐	☐
☐	[ ]		☐	☐	☐
☐	[ ]		☐	☐	☐
☐	[ ]		☐	☐	☐
☐	[ ]		☐	☐	☐
☐	[ ]		☐	☐	☐
☐	[ ]		☐	☐	☐
☐	[ ]		☐	☐	☐
☐	[ ]		☐	☐	☐
☐	[ ]		☐	☐	☐
☐	[ ]		☐	☐	☐
☐	[ ]		☐	☐	☐
☐	[ ]		☐	☐	☐
☐	[ ]		☐	☐	☐
☐	[ ]		☐	☐	☐

DONE	DATE	DESCRIPTION	PRIORITY		
			LOW	MID	HIGH
☐	[ ]	_____	☐	☐	☐
☐	[ ]	_____	☐	☐	☐
☐	[ ]	_____	☐	☐	☐
☐	[ ]	_____	☐	☐	☐
☐	[ ]	_____	☐	☐	☐
☐	[ ]	_____	☐	☐	☐
☐	[ ]	_____	☐	☐	☐
☐	[ ]	_____	☐	☐	☐
☐	[ ]	_____	☐	☐	☐
☐	[ ]	_____	☐	☐	☐
☐	[ ]	_____	☐	☐	☐
☐	[ ]	_____	☐	☐	☐
☐	[ ]	_____	☐	☐	☐
☐	[ ]	_____	☐	☐	☐
☐	[ ]	_____	☐	☐	☐
☐	[ ]	_____	☐	☐	☐
☐	[ ]	_____	☐	☐	☐
☐	[ ]	_____	☐	☐	☐
☐	[ ]	_____	☐	☐	☐
☐	[ ]	_____	☐	☐	☐

DONE	DATE	DESCRIPTION	PRIORITY		
			LOW	MID	HIGH
☐	[ ]	_____	☐	☐	☐
☐	[ ]	_____	☐	☐	☐
☐	[ ]	_____	☐	☐	☐
☐	[ ]	_____	☐	☐	☐
☐	[ ]	_____	☐	☐	☐
☐	[ ]	_____	☐	☐	☐
☐	[ ]	_____	☐	☐	☐
☐	[ ]	_____	☐	☐	☐
☐	[ ]	_____	☐	☐	☐
☐	[ ]	_____	☐	☐	☐
☐	[ ]	_____	☐	☐	☐
☐	[ ]	_____	☐	☐	☐
☐	[ ]	_____	☐	☐	☐
☐	[ ]	_____	☐	☐	☐
☐	[ ]	_____	☐	☐	☐
☐	[ ]	_____	☐	☐	☐
☐	[ ]	_____	☐	☐	☐
☐	[ ]	_____	☐	☐	☐
☐	[ ]	_____	☐	☐	☐
☐	[ ]	_____	☐	☐	☐

DONE	DATE	DESCRIPTION	PRIORITY		
			LOW	MID	HIGH
☐	[ ]		☐	☐	☐
☐	[ ]		☐	☐	☐
☐	[ ]		☐	☐	☐
☐	[ ]		☐	☐	☐
☐	[ ]		☐	☐	☐
☐	[ ]		☐	☐	☐
☐	[ ]		☐	☐	☐
☐	[ ]		☐	☐	☐
☐	[ ]		☐	☐	☐
☐	[ ]		☐	☐	☐
☐	[ ]		☐	☐	☐
☐	[ ]		☐	☐	☐
☐	[ ]		☐	☐	☐
☐	[ ]		☐	☐	☐
☐	[ ]		☐	☐	☐
☐	[ ]		☐	☐	☐
☐	[ ]		☐	☐	☐
☐	[ ]		☐	☐	☐
☐	[ ]		☐	☐	☐
☐	[ ]		☐	☐	☐

DONE	DATE	DESCRIPTION	PRIORITY		
			LOW	MID	HIGH
☐	[ ]	_____	☐	☐	☐
☐	[ ]	_____	☐	☐	☐
☐	[ ]	_____	☐	☐	☐
☐	[ ]	_____	☐	☐	☐
☐	[ ]	_____	☐	☐	☐
☐	[ ]	_____	☐	☐	☐
☐	[ ]	_____	☐	☐	☐
☐	[ ]	_____	☐	☐	☐
☐	[ ]	_____	☐	☐	☐
☐	[ ]	_____	☐	☐	☐
☐	[ ]	_____	☐	☐	☐
☐	[ ]	_____	☐	☐	☐
☐	[ ]	_____	☐	☐	☐
☐	[ ]	_____	☐	☐	☐
☐	[ ]	_____	☐	☐	☐
☐	[ ]	_____	☐	☐	☐
☐	[ ]	_____	☐	☐	☐
☐	[ ]	_____	☐	☐	☐
☐	[ ]	_____	☐	☐	☐
☐	[ ]	_____	☐	☐	☐

DONE	DATE	DESCRIPTION	PRIORITY		
			LOW	MID	HIGH
☐	[ ]	_____	☐	☐	☐
☐	[ ]	_____	☐	☐	☐
☐	[ ]	_____	☐	☐	☐
☐	[ ]	_____	☐	☐	☐
☐	[ ]	_____	☐	☐	☐
☐	[ ]	_____	☐	☐	☐
☐	[ ]	_____	☐	☐	☐
☐	[ ]	_____	☐	☐	☐
☐	[ ]	_____	☐	☐	☐
☐	[ ]	_____	☐	☐	☐
☐	[ ]	_____	☐	☐	☐
☐	[ ]	_____	☐	☐	☐
☐	[ ]	_____	☐	☐	☐
☐	[ ]	_____	☐	☐	☐
☐	[ ]	_____	☐	☐	☐
☐	[ ]	_____	☐	☐	☐
☐	[ ]	_____	☐	☐	☐
☐	[ ]	_____	☐	☐	☐
☐	[ ]	_____	☐	☐	☐
☐	[ ]	_____	☐	☐	☐

DONE	DATE	DESCRIPTION	PRIORITY		
			LOW	MID	HIGH
☐	[ ]		☐	☐	☐
☐	[ ]		☐	☐	☐
☐	[ ]		☐	☐	☐
☐	[ ]		☐	☐	☐
☐	[ ]		☐	☐	☐
☐	[ ]		☐	☐	☐
☐	[ ]		☐	☐	☐
☐	[ ]		☐	☐	☐
☐	[ ]		☐	☐	☐
☐	[ ]		☐	☐	☐
☐	[ ]		☐	☐	☐
☐	[ ]		☐	☐	☐
☐	[ ]		☐	☐	☐
☐	[ ]		☐	☐	☐
☐	[ ]		☐	☐	☐
☐	[ ]		☐	☐	☐
☐	[ ]		☐	☐	☐
☐	[ ]		☐	☐	☐
☐	[ ]		☐	☐	☐
☐	[ ]		☐	☐	☐

DONE	DATE	DESCRIPTION	PRIORITY		
			LOW	MID	HIGH
☐	[ ]	_____	☐	☐	☐
☐	[ ]	_____	☐	☐	☐
☐	[ ]	_____	☐	☐	☐
☐	[ ]	_____	☐	☐	☐
☐	[ ]	_____	☐	☐	☐
☐	[ ]	_____	☐	☐	☐
☐	[ ]	_____	☐	☐	☐
☐	[ ]	_____	☐	☐	☐
☐	[ ]	_____	☐	☐	☐
☐	[ ]	_____	☐	☐	☐
☐	[ ]	_____	☐	☐	☐
☐	[ ]	_____	☐	☐	☐
☐	[ ]	_____	☐	☐	☐
☐	[ ]	_____	☐	☐	☐
☐	[ ]	_____	☐	☐	☐
☐	[ ]	_____	☐	☐	☐
☐	[ ]	_____	☐	☐	☐
☐	[ ]	_____	☐	☐	☐
☐	[ ]	_____	☐	☐	☐
☐	[ ]	_____	☐	☐	☐

DONE	DATE	DESCRIPTION	PRIORITY		
			LOW	MID	HIGH
☐	[ ]	_____	☐	☐	☐
☐	[ ]	_____	☐	☐	☐
☐	[ ]	_____	☐	☐	☐
☐	[ ]	_____	☐	☐	☐
☐	[ ]	_____	☐	☐	☐
☐	[ ]	_____	☐	☐	☐
☐	[ ]	_____	☐	☐	☐
☐	[ ]	_____	☐	☐	☐
☐	[ ]	_____	☐	☐	☐
☐	[ ]	_____	☐	☐	☐
☐	[ ]	_____	☐	☐	☐
☐	[ ]	_____	☐	☐	☐
☐	[ ]	_____	☐	☐	☐
☐	[ ]	_____	☐	☐	☐
☐	[ ]	_____	☐	☐	☐
☐	[ ]	_____	☐	☐	☐
☐	[ ]	_____	☐	☐	☐
☐	[ ]	_____	☐	☐	☐
☐	[ ]	_____	☐	☐	☐
☐	[ ]	_____	☐	☐	☐
☐	[ ]	_____	☐	☐	☐

DONE	DATE	DESCRIPTION	PRIORITY		
			LOW	MID	HIGH
☐	[ ]		☐	☐	☐
☐	[ ]		☐	☐	☐
☐	[ ]		☐	☐	☐
☐	[ ]		☐	☐	☐
☐	[ ]		☐	☐	☐
☐	[ ]		☐	☐	☐
☐	[ ]		☐	☐	☐
☐	[ ]		☐	☐	☐
☐	[ ]		☐	☐	☐
☐	[ ]		☐	☐	☐
☐	[ ]		☐	☐	☐
☐	[ ]		☐	☐	☐
☐	[ ]		☐	☐	☐
☐	[ ]		☐	☐	☐
☐	[ ]		☐	☐	☐
☐	[ ]		☐	☐	☐
☐	[ ]		☐	☐	☐
☐	[ ]		☐	☐	☐
☐	[ ]		☐	☐	☐

DONE	DATE	DESCRIPTION	PRIORITY		
			LOW	MID	HIGH
☐	[ ]	_____	☐	☐	☐
☐	[ ]	_____	☐	☐	☐
☐	[ ]	_____	☐	☐	☐
☐	[ ]	_____	☐	☐	☐
☐	[ ]	_____	☐	☐	☐
☐	[ ]	_____	☐	☐	☐
☐	[ ]	_____	☐	☐	☐
☐	[ ]	_____	☐	☐	☐
☐	[ ]	_____	☐	☐	☐
☐	[ ]	_____	☐	☐	☐
☐	[ ]	_____	☐	☐	☐
☐	[ ]	_____	☐	☐	☐
☐	[ ]	_____	☐	☐	☐
☐	[ ]	_____	☐	☐	☐
☐	[ ]	_____	☐	☐	☐
☐	[ ]	_____	☐	☐	☐
☐	[ ]	_____	☐	☐	☐
☐	[ ]	_____	☐	☐	☐
☐	[ ]	_____	☐	☐	☐
☐	[ ]	_____	☐	☐	☐

DONE	DATE	DESCRIPTION	PRIORITY		
			LOW	MID	HIGH
☐	[ ]	_____	☐	☐	☐
☐	[ ]	_____	☐	☐	☐
☐	[ ]	_____	☐	☐	☐
☐	[ ]	_____	☐	☐	☐
☐	[ ]	_____	☐	☐	☐
☐	[ ]	_____	☐	☐	☐
☐	[ ]	_____	☐	☐	☐
☐	[ ]	_____	☐	☐	☐
☐	[ ]	_____	☐	☐	☐
☐	[ ]	_____	☐	☐	☐
☐	[ ]	_____	☐	☐	☐
☐	[ ]	_____	☐	☐	☐
☐	[ ]	_____	☐	☐	☐
☐	[ ]	_____	☐	☐	☐
☐	[ ]	_____	☐	☐	☐
☐	[ ]	_____	☐	☐	☐
☐	[ ]	_____	☐	☐	☐
☐	[ ]	_____	☐	☐	☐
☐	[ ]	_____	☐	☐	☐
☐	[ ]	_____	☐	☐	☐

DONE	DATE	DESCRIPTION	PRIORITY		
			LOW	MID	HIGH
☐	[ ]	_____	☐	☐	☐
☐	[ ]	_____	☐	☐	☐
☐	[ ]	_____	☐	☐	☐
☐	[ ]	_____	☐	☐	☐
☐	[ ]	_____	☐	☐	☐
☐	[ ]	_____	☐	☐	☐
☐	[ ]	_____	☐	☐	☐
☐	[ ]	_____	☐	☐	☐
☐	[ ]	_____	☐	☐	☐
☐	[ ]	_____	☐	☐	☐
☐	[ ]	_____	☐	☐	☐
☐	[ ]	_____	☐	☐	☐
☐	[ ]	_____	☐	☐	☐
☐	[ ]	_____	☐	☐	☐
☐	[ ]	_____	☐	☐	☐
☐	[ ]	_____	☐	☐	☐
☐	[ ]	_____	☐	☐	☐
☐	[ ]	_____	☐	☐	☐
☐	[ ]	_____	☐	☐	☐
☐	[ ]	_____	☐	☐	☐

DONE	DATE	DESCRIPTION	PRIORITY		
			LOW	MID	HIGH
☐	[ ]	_____	☐	☐	☐
☐	[ ]	_____	☐	☐	☐
☐	[ ]	_____	☐	☐	☐
☐	[ ]	_____	☐	☐	☐
☐	[ ]	_____	☐	☐	☐
☐	[ ]	_____	☐	☐	☐
☐	[ ]	_____	☐	☐	☐
☐	[ ]	_____	☐	☐	☐
☐	[ ]	_____	☐	☐	☐
☐	[ ]	_____	☐	☐	☐
☐	[ ]	_____	☐	☐	☐
☐	[ ]	_____	☐	☐	☐
☐	[ ]	_____	☐	☐	☐
☐	[ ]	_____	☐	☐	☐
☐	[ ]	_____	☐	☐	☐
☐	[ ]	_____	☐	☐	☐
☐	[ ]	_____	☐	☐	☐
☐	[ ]	_____	☐	☐	☐
☐	[ ]	_____	☐	☐	☐

DONE	DATE	DESCRIPTION	PRIORITY		
			LOW	MID	HIGH
☐	[ ]	_____	☐	☐	☐
☐	[ ]	_____	☐	☐	☐
☐	[ ]	_____	☐	☐	☐
☐	[ ]	_____	☐	☐	☐
☐	[ ]	_____	☐	☐	☐
☐	[ ]	_____	☐	☐	☐
☐	[ ]	_____	☐	☐	☐
☐	[ ]	_____	☐	☐	☐
☐	[ ]	_____	☐	☐	☐
☐	[ ]	_____	☐	☐	☐
☐	[ ]	_____	☐	☐	☐
☐	[ ]	_____	☐	☐	☐
☐	[ ]	_____	☐	☐	☐
☐	[ ]	_____	☐	☐	☐
☐	[ ]	_____	☐	☐	☐
☐	[ ]	_____	☐	☐	☐
☐	[ ]	_____	☐	☐	☐
☐	[ ]	_____	☐	☐	☐
☐	[ ]	_____	☐	☐	☐
☐	[ ]	_____	☐	☐	☐
☐	[ ]	_____	☐	☐	☐

DONE	DATE	DESCRIPTION	PRIORITY		
			LOW	MID	HIGH
☐	[ ]	_____	☐	☐	☐
☐	[ ]	_____	☐	☐	☐
☐	[ ]	_____	☐	☐	☐
☐	[ ]	_____	☐	☐	☐
☐	[ ]	_____	☐	☐	☐
☐	[ ]	_____	☐	☐	☐
☐	[ ]	_____	☐	☐	☐
☐	[ ]	_____	☐	☐	☐
☐	[ ]	_____	☐	☐	☐
☐	[ ]	_____	☐	☐	☐
☐	[ ]	_____	☐	☐	☐
☐	[ ]	_____	☐	☐	☐
☐	[ ]	_____	☐	☐	☐
☐	[ ]	_____	☐	☐	☐
☐	[ ]	_____	☐	☐	☐
☐	[ ]	_____	☐	☐	☐
☐	[ ]	_____	☐	☐	☐
☐	[ ]	_____	☐	☐	☐
☐	[ ]	_____	☐	☐	☐
☐	[ ]	_____	☐	☐	☐

DONE	DATE	DESCRIPTION	PRIORITY		
			LOW	MID	HIGH
☐	[ ]	_____	☐	☐	☐
☐	[ ]	_____	☐	☐	☐
☐	[ ]	_____	☐	☐	☐
☐	[ ]	_____	☐	☐	☐
☐	[ ]	_____	☐	☐	☐
☐	[ ]	_____	☐	☐	☐
☐	[ ]	_____	☐	☐	☐
☐	[ ]	_____	☐	☐	☐
☐	[ ]	_____	☐	☐	☐
☐	[ ]	_____	☐	☐	☐
☐	[ ]	_____	☐	☐	☐
☐	[ ]	_____	☐	☐	☐
☐	[ ]	_____	☐	☐	☐
☐	[ ]	_____	☐	☐	☐
☐	[ ]	_____	☐	☐	☐
☐	[ ]	_____	☐	☐	☐
☐	[ ]	_____	☐	☐	☐
☐	[ ]	_____	☐	☐	☐
☐	[ ]	_____	☐	☐	☐
☐	[ ]	_____	☐	☐	☐

DONE	DATE	DESCRIPTION	PRIORITY		
			LOW	MID	HIGH
☐	[ ]		☐	☐	☐
☐	[ ]		☐	☐	☐
☐	[ ]		☐	☐	☐
☐	[ ]		☐	☐	☐
☐	[ ]		☐	☐	☐
☐	[ ]		☐	☐	☐
☐	[ ]		☐	☐	☐
☐	[ ]		☐	☐	☐
☐	[ ]		☐	☐	☐
☐	[ ]		☐	☐	☐
☐	[ ]		☐	☐	☐
☐	[ ]		☐	☐	☐
☐	[ ]		☐	☐	☐
☐	[ ]		☐	☐	☐
☐	[ ]		☐	☐	☐
☐	[ ]		☐	☐	☐
☐	[ ]		☐	☐	☐
☐	[ ]		☐	☐	☐
☐	[ ]		☐	☐	☐

DONE	DATE	DESCRIPTION	PRIORITY		
			LOW	MID	HIGH
☐	[ ]	_____	☐	☐	☐
☐	[ ]	_____	☐	☐	☐
☐	[ ]	_____	☐	☐	☐
☐	[ ]	_____	☐	☐	☐
☐	[ ]	_____	☐	☐	☐
☐	[ ]	_____	☐	☐	☐
☐	[ ]	_____	☐	☐	☐
☐	[ ]	_____	☐	☐	☐
☐	[ ]	_____	☐	☐	☐
☐	[ ]	_____	☐	☐	☐
☐	[ ]	_____	☐	☐	☐
☐	[ ]	_____	☐	☐	☐
☐	[ ]	_____	☐	☐	☐
☐	[ ]	_____	☐	☐	☐
☐	[ ]	_____	☐	☐	☐
☐	[ ]	_____	☐	☐	☐
☐	[ ]	_____	☐	☐	☐
☐	[ ]	_____	☐	☐	☐
☐	[ ]	_____	☐	☐	☐
☐	[ ]	_____	☐	☐	☐

DONE	DATE	DESCRIPTION	PRIORITY		
			LOW	MID	HIGH
☐	[ ]	_____	☐	☐	☐
☐	[ ]	_____	☐	☐	☐
☐	[ ]	_____	☐	☐	☐
☐	[ ]	_____	☐	☐	☐
☐	[ ]	_____	☐	☐	☐
☐	[ ]	_____	☐	☐	☐
☐	[ ]	_____	☐	☐	☐
☐	[ ]	_____	☐	☐	☐
☐	[ ]	_____	☐	☐	☐
☐	[ ]	_____	☐	☐	☐
☐	[ ]	_____	☐	☐	☐
☐	[ ]	_____	☐	☐	☐
☐	[ ]	_____	☐	☐	☐
☐	[ ]	_____	☐	☐	☐
☐	[ ]	_____	☐	☐	☐
☐	[ ]	_____	☐	☐	☐
☐	[ ]	_____	☐	☐	☐
☐	[ ]	_____	☐	☐	☐
☐	[ ]	_____	☐	☐	☐
☐	[ ]	_____	☐	☐	☐

DONE	DATE	DESCRIPTION	PRIORITY		
			LOW	MID	HIGH
☐	[ ]		☐	☐	☐
☐	[ ]		☐	☐	☐
☐	[ ]		☐	☐	☐
☐	[ ]		☐	☐	☐
☐	[ ]		☐	☐	☐
☐	[ ]		☐	☐	☐
☐	[ ]		☐	☐	☐
☐	[ ]		☐	☐	☐
☐	[ ]		☐	☐	☐
☐	[ ]		☐	☐	☐
☐	[ ]		☐	☐	☐
☐	[ ]		☐	☐	☐
☐	[ ]		☐	☐	☐
☐	[ ]		☐	☐	☐
☐	[ ]		☐	☐	☐
☐	[ ]		☐	☐	☐
☐	[ ]		☐	☐	☐
☐	[ ]		☐	☐	☐
☐	[ ]		☐	☐	☐
☐	[ ]		☐	☐	☐

DONE	DATE	DESCRIPTION	PRIORITY		
			LOW	MID	HIGH
☐	[ ]	_____	☐	☐	☐
☐	[ ]	_____	☐	☐	☐
☐	[ ]	_____	☐	☐	☐
☐	[ ]	_____	☐	☐	☐
☐	[ ]	_____	☐	☐	☐
☐	[ ]	_____	☐	☐	☐
☐	[ ]	_____	☐	☐	☐
☐	[ ]	_____	☐	☐	☐
☐	[ ]	_____	☐	☐	☐
☐	[ ]	_____	☐	☐	☐
☐	[ ]	_____	☐	☐	☐
☐	[ ]	_____	☐	☐	☐
☐	[ ]	_____	☐	☐	☐
☐	[ ]	_____	☐	☐	☐
☐	[ ]	_____	☐	☐	☐
☐	[ ]	_____	☐	☐	☐
☐	[ ]	_____	☐	☐	☐
☐	[ ]	_____	☐	☐	☐
☐	[ ]	_____	☐	☐	☐
☐	[ ]	_____	☐	☐	☐

DONE	DATE	DESCRIPTION	PRIORITY		
			LOW	MID	HIGH
☐	[ ]		☐	☐	☐
☐	[ ]		☐	☐	☐
☐	[ ]		☐	☐	☐
☐	[ ]		☐	☐	☐
☐	[ ]		☐	☐	☐
☐	[ ]		☐	☐	☐
☐	[ ]		☐	☐	☐
☐	[ ]		☐	☐	☐
☐	[ ]		☐	☐	☐
☐	[ ]		☐	☐	☐
☐	[ ]		☐	☐	☐
☐	[ ]		☐	☐	☐
☐	[ ]		☐	☐	☐
☐	[ ]		☐	☐	☐
☐	[ ]		☐	☐	☐
☐	[ ]		☐	☐	☐
☐	[ ]		☐	☐	☐
☐	[ ]		☐	☐	☐
☐	[ ]		☐	☐	☐
☐	[ ]		☐	☐	☐

DONE	DATE	DESCRIPTION	PRIORITY		
			LOW	MID	HIGH
☐	[ ]		☐	☐	☐
☐	[ ]		☐	☐	☐
☐	[ ]		☐	☐	☐
☐	[ ]		☐	☐	☐
☐	[ ]		☐	☐	☐
☐	[ ]		☐	☐	☐
☐	[ ]		☐	☐	☐
☐	[ ]		☐	☐	☐
☐	[ ]		☐	☐	☐
☐	[ ]		☐	☐	☐
☐	[ ]		☐	☐	☐
☐	[ ]		☐	☐	☐
☐	[ ]		☐	☐	☐
☐	[ ]		☐	☐	☐
☐	[ ]		☐	☐	☐
☐	[ ]		☐	☐	☐
☐	[ ]		☐	☐	☐
☐	[ ]		☐	☐	☐
☐	[ ]		☐	☐	☐
☐	[ ]		☐	☐	☐

DONE	DATE	DESCRIPTION	PRIORITY		
			LOW	MID	HIGH
☐	[ ]	_____	☐	☐	☐
☐	[ ]	_____	☐	☐	☐
☐	[ ]	_____	☐	☐	☐
☐	[ ]	_____	☐	☐	☐
☐	[ ]	_____	☐	☐	☐
☐	[ ]	_____	☐	☐	☐
☐	[ ]	_____	☐	☐	☐
☐	[ ]	_____	☐	☐	☐
☐	[ ]	_____	☐	☐	☐
☐	[ ]	_____	☐	☐	☐
☐	[ ]	_____	☐	☐	☐
☐	[ ]	_____	☐	☐	☐
☐	[ ]	_____	☐	☐	☐
☐	[ ]	_____	☐	☐	☐
☐	[ ]	_____	☐	☐	☐
☐	[ ]	_____	☐	☐	☐
☐	[ ]	_____	☐	☐	☐
☐	[ ]	_____	☐	☐	☐
☐	[ ]	_____	☐	☐	☐
☐	[ ]	_____	☐	☐	☐

DONE	DATE	DESCRIPTION	PRIORITY		
			LOW	MID	HIGH
☐	[ ]	_____	☐	☐	☐
☐	[ ]	_____	☐	☐	☐
☐	[ ]	_____	☐	☐	☐
☐	[ ]	_____	☐	☐	☐
☐	[ ]	_____	☐	☐	☐
☐	[ ]	_____	☐	☐	☐
☐	[ ]	_____	☐	☐	☐
☐	[ ]	_____	☐	☐	☐
☐	[ ]	_____	☐	☐	☐
☐	[ ]	_____	☐	☐	☐
☐	[ ]	_____	☐	☐	☐
☐	[ ]	_____	☐	☐	☐
☐	[ ]	_____	☐	☐	☐
☐	[ ]	_____	☐	☐	☐
☐	[ ]	_____	☐	☐	☐
☐	[ ]	_____	☐	☐	☐
☐	[ ]	_____	☐	☐	☐
☐	[ ]	_____	☐	☐	☐
☐	[ ]	_____	☐	☐	☐
☐	[ ]	_____	☐	☐	☐

DONE	DATE	DESCRIPTION	PRIORITY		
			LOW	MID	HIGH
☐	[ ]	_____	☐	☐	☐
☐	[ ]	_____	☐	☐	☐
☐	[ ]	_____	☐	☐	☐
☐	[ ]	_____	☐	☐	☐
☐	[ ]	_____	☐	☐	☐
☐	[ ]	_____	☐	☐	☐
☐	[ ]	_____	☐	☐	☐
☐	[ ]	_____	☐	☐	☐
☐	[ ]	_____	☐	☐	☐
☐	[ ]	_____	☐	☐	☐
☐	[ ]	_____	☐	☐	☐
☐	[ ]	_____	☐	☐	☐
☐	[ ]	_____	☐	☐	☐
☐	[ ]	_____	☐	☐	☐
☐	[ ]	_____	☐	☐	☐
☐	[ ]	_____	☐	☐	☐
☐	[ ]	_____	☐	☐	☐
☐	[ ]	_____	☐	☐	☐
☐	[ ]	_____	☐	☐	☐
☐	[ ]	_____	☐	☐	☐

DONE	DATE	DESCRIPTION	PRIORITY		
			LOW	MID	HIGH
☐	[ ]	_____	☐	☐	☐
☐	[ ]	_____	☐	☐	☐
☐	[ ]	_____	☐	☐	☐
☐	[ ]	_____	☐	☐	☐
☐	[ ]	_____	☐	☐	☐
☐	[ ]	_____	☐	☐	☐
☐	[ ]	_____	☐	☐	☐
☐	[ ]	_____	☐	☐	☐
☐	[ ]	_____	☐	☐	☐
☐	[ ]	_____	☐	☐	☐
☐	[ ]	_____	☐	☐	☐
☐	[ ]	_____	☐	☐	☐
☐	[ ]	_____	☐	☐	☐
☐	[ ]	_____	☐	☐	☐
☐	[ ]	_____	☐	☐	☐
☐	[ ]	_____	☐	☐	☐
☐	[ ]	_____	☐	☐	☐
☐	[ ]	_____	☐	☐	☐
☐	[ ]	_____	☐	☐	☐
☐	[ ]	_____	☐	☐	☐

DONE	DATE	DESCRIPTION	PRIORITY		
			LOW	MID	HIGH
☐	[ ]		☐	☐	☐
☐	[ ]		☐	☐	☐
☐	[ ]		☐	☐	☐
☐	[ ]		☐	☐	☐
☐	[ ]		☐	☐	☐
☐	[ ]		☐	☐	☐
☐	[ ]		☐	☐	☐
☐	[ ]		☐	☐	☐
☐	[ ]		☐	☐	☐
☐	[ ]		☐	☐	☐
☐	[ ]		☐	☐	☐
☐	[ ]		☐	☐	☐
☐	[ ]		☐	☐	☐
☐	[ ]		☐	☐	☐
☐	[ ]		☐	☐	☐
☐	[ ]		☐	☐	☐
☐	[ ]		☐	☐	☐
☐	[ ]		☐	☐	☐
☐	[ ]		☐	☐	☐
☐	[ ]		☐	☐	☐

DONE	DATE	DESCRIPTION	PRIORITY		
			LOW	MID	HIGH
☐	[ ]		☐	☐	☐
☐	[ ]		☐	☐	☐
☐	[ ]		☐	☐	☐
☐	[ ]		☐	☐	☐
☐	[ ]		☐	☐	☐
☐	[ ]		☐	☐	☐
☐	[ ]		☐	☐	☐
☐	[ ]		☐	☐	☐
☐	[ ]		☐	☐	☐
☐	[ ]		☐	☐	☐
☐	[ ]		☐	☐	☐
☐	[ ]		☐	☐	☐
☐	[ ]		☐	☐	☐
☐	[ ]		☐	☐	☐
☐	[ ]		☐	☐	☐
☐	[ ]		☐	☐	☐
☐	[ ]		☐	☐	☐
☐	[ ]		☐	☐	☐
☐	[ ]		☐	☐	☐
☐	[ ]		☐	☐	☐

DONE	DATE	DESCRIPTION	PRIORITY		
			LOW	MID	HIGH
☐	[ ]		☐	☐	☐
☐	[ ]		☐	☐	☐
☐	[ ]		☐	☐	☐
☐	[ ]		☐	☐	☐
☐	[ ]		☐	☐	☐
☐	[ ]		☐	☐	☐
☐	[ ]		☐	☐	☐
☐	[ ]		☐	☐	☐
☐	[ ]		☐	☐	☐
☐	[ ]		☐	☐	☐
☐	[ ]		☐	☐	☐
☐	[ ]		☐	☐	☐
☐	[ ]		☐	☐	☐
☐	[ ]		☐	☐	☐
☐	[ ]		☐	☐	☐
☐	[ ]		☐	☐	☐
☐	[ ]		☐	☐	☐
☐	[ ]		☐	☐	☐
☐	[ ]		☐	☐	☐
☐	[ ]		☐	☐	☐

DONE	DATE	DESCRIPTION	PRIORITY		
			LOW	MID	HIGH
☐	[ ]	_____	☐	☐	☐
☐	[ ]	_____	☐	☐	☐
☐	[ ]	_____	☐	☐	☐
☐	[ ]	_____	☐	☐	☐
☐	[ ]	_____	☐	☐	☐
☐	[ ]	_____	☐	☐	☐
☐	[ ]	_____	☐	☐	☐
☐	[ ]	_____	☐	☐	☐
☐	[ ]	_____	☐	☐	☐
☐	[ ]	_____	☐	☐	☐
☐	[ ]	_____	☐	☐	☐
☐	[ ]	_____	☐	☐	☐
☐	[ ]	_____	☐	☐	☐
☐	[ ]	_____	☐	☐	☐
☐	[ ]	_____	☐	☐	☐
☐	[ ]	_____	☐	☐	☐
☐	[ ]	_____	☐	☐	☐
☐	[ ]	_____	☐	☐	☐
☐	[ ]	_____	☐	☐	☐
☐	[ ]	_____	☐	☐	☐

DONE	DATE	DESCRIPTION	PRIORITY		
			LOW	MID	HIGH
☐	[ ]		☐	☐	☐
☐	[ ]		☐	☐	☐
☐	[ ]		☐	☐	☐
☐	[ ]		☐	☐	☐
☐	[ ]		☐	☐	☐
☐	[ ]		☐	☐	☐
☐	[ ]		☐	☐	☐
☐	[ ]		☐	☐	☐
☐	[ ]		☐	☐	☐
☐	[ ]		☐	☐	☐
☐	[ ]		☐	☐	☐
☐	[ ]		☐	☐	☐
☐	[ ]		☐	☐	☐
☐	[ ]		☐	☐	☐
☐	[ ]		☐	☐	☐
☐	[ ]		☐	☐	☐
☐	[ ]		☐	☐	☐
☐	[ ]		☐	☐	☐
☐	[ ]		☐	☐	☐
☐	[ ]		☐	☐	☐

DONE	DATE	DESCRIPTION	PRIORITY		
			LOW	MID	HIGH
☐	[ ]		☐	☐	☐
☐	[ ]		☐	☐	☐
☐	[ ]		☐	☐	☐
☐	[ ]		☐	☐	☐
☐	[ ]		☐	☐	☐
☐	[ ]		☐	☐	☐
☐	[ ]		☐	☐	☐
☐	[ ]		☐	☐	☐
☐	[ ]		☐	☐	☐
☐	[ ]		☐	☐	☐
☐	[ ]		☐	☐	☐
☐	[ ]		☐	☐	☐
☐	[ ]		☐	☐	☐
☐	[ ]		☐	☐	☐
☐	[ ]		☐	☐	☐
☐	[ ]		☐	☐	☐
☐	[ ]		☐	☐	☐
☐	[ ]		☐	☐	☐
☐	[ ]		☐	☐	☐
☐	[ ]		☐	☐	☐

DONE	DATE	DESCRIPTION	PRIORITY		
			LOW	MID	HIGH
☐	[ ]	_____	☐	☐	☐
☐	[ ]	_____	☐	☐	☐
☐	[ ]	_____	☐	☐	☐
☐	[ ]	_____	☐	☐	☐
☐	[ ]	_____	☐	☐	☐
☐	[ ]	_____	☐	☐	☐
☐	[ ]	_____	☐	☐	☐
☐	[ ]	_____	☐	☐	☐
☐	[ ]	_____	☐	☐	☐
☐	[ ]	_____	☐	☐	☐
☐	[ ]	_____	☐	☐	☐
☐	[ ]	_____	☐	☐	☐
☐	[ ]	_____	☐	☐	☐
☐	[ ]	_____	☐	☐	☐
☐	[ ]	_____	☐	☐	☐
☐	[ ]	_____	☐	☐	☐
☐	[ ]	_____	☐	☐	☐
☐	[ ]	_____	☐	☐	☐
☐	[ ]	_____	☐	☐	☐
☐	[ ]	_____	☐	☐	☐

DONE	DATE	DESCRIPTION	PRIORITY		
			LOW	MID	HIGH
☐	[ ]	_____	☐	☐	☐
☐	[ ]	_____	☐	☐	☐
☐	[ ]	_____	☐	☐	☐
☐	[ ]	_____	☐	☐	☐
☐	[ ]	_____	☐	☐	☐
☐	[ ]	_____	☐	☐	☐
☐	[ ]	_____	☐	☐	☐
☐	[ ]	_____	☐	☐	☐
☐	[ ]	_____	☐	☐	☐
☐	[ ]	_____	☐	☐	☐
☐	[ ]	_____	☐	☐	☐
☐	[ ]	_____	☐	☐	☐
☐	[ ]	_____	☐	☐	☐
☐	[ ]	_____	☐	☐	☐
☐	[ ]	_____	☐	☐	☐
☐	[ ]	_____	☐	☐	☐
☐	[ ]	_____	☐	☐	☐
☐	[ ]	_____	☐	☐	☐
☐	[ ]	_____	☐	☐	☐
☐	[ ]	_____	☐	☐	☐

DONE	DATE	DESCRIPTION	PRIORITY		
			LOW	MID	HIGH
☐	[ ]	_____	☐	☐	☐
☐	[ ]	_____	☐	☐	☐
☐	[ ]	_____	☐	☐	☐
☐	[ ]	_____	☐	☐	☐
☐	[ ]	_____	☐	☐	☐
☐	[ ]	_____	☐	☐	☐
☐	[ ]	_____	☐	☐	☐
☐	[ ]	_____	☐	☐	☐
☐	[ ]	_____	☐	☐	☐
☐	[ ]	_____	☐	☐	☐
☐	[ ]	_____	☐	☐	☐
☐	[ ]	_____	☐	☐	☐
☐	[ ]	_____	☐	☐	☐
☐	[ ]	_____	☐	☐	☐
☐	[ ]	_____	☐	☐	☐
☐	[ ]	_____	☐	☐	☐
☐	[ ]	_____	☐	☐	☐
☐	[ ]	_____	☐	☐	☐
☐	[ ]	_____	☐	☐	☐
☐	[ ]	_____	☐	☐	☐

DONE	DATE	DESCRIPTION	PRIORITY		
			LOW	MID	HIGH
☐	[ ]	_____	☐	☐	☐
☐	[ ]	_____	☐	☐	☐
☐	[ ]	_____	☐	☐	☐
☐	[ ]	_____	☐	☐	☐
☐	[ ]	_____	☐	☐	☐
☐	[ ]	_____	☐	☐	☐
☐	[ ]	_____	☐	☐	☐
☐	[ ]	_____	☐	☐	☐
☐	[ ]	_____	☐	☐	☐
☐	[ ]	_____	☐	☐	☐
☐	[ ]	_____	☐	☐	☐
☐	[ ]	_____	☐	☐	☐
☐	[ ]	_____	☐	☐	☐
☐	[ ]	_____	☐	☐	☐
☐	[ ]	_____	☐	☐	☐
☐	[ ]	_____	☐	☐	☐
☐	[ ]	_____	☐	☐	☐
☐	[ ]	_____	☐	☐	☐
☐	[ ]	_____	☐	☐	☐
☐	[ ]	_____	☐	☐	☐

DONE	DATE	DESCRIPTION	PRIORITY		
			LOW	MID	HIGH
☐	[ ]	_____	☐	☐	☐
☐	[ ]	_____	☐	☐	☐
☐	[ ]	_____	☐	☐	☐
☐	[ ]	_____	☐	☐	☐
☐	[ ]	_____	☐	☐	☐
☐	[ ]	_____	☐	☐	☐
☐	[ ]	_____	☐	☐	☐
☐	[ ]	_____	☐	☐	☐
☐	[ ]	_____	☐	☐	☐
☐	[ ]	_____	☐	☐	☐
☐	[ ]	_____	☐	☐	☐
☐	[ ]	_____	☐	☐	☐
☐	[ ]	_____	☐	☐	☐
☐	[ ]	_____	☐	☐	☐
☐	[ ]	_____	☐	☐	☐
☐	[ ]	_____	☐	☐	☐
☐	[ ]	_____	☐	☐	☐
☐	[ ]	_____	☐	☐	☐
☐	[ ]	_____	☐	☐	☐
☐	[ ]	_____	☐	☐	☐

DONE	DATE	DESCRIPTION	PRIORITY		
			LOW	MID	HIGH
☐	[ ]		☐	☐	☐
☐	[ ]		☐	☐	☐
☐	[ ]		☐	☐	☐
☐	[ ]		☐	☐	☐
☐	[ ]		☐	☐	☐
☐	[ ]		☐	☐	☐
☐	[ ]		☐	☐	☐
☐	[ ]		☐	☐	☐
☐	[ ]		☐	☐	☐
☐	[ ]		☐	☐	☐
☐	[ ]		☐	☐	☐
☐	[ ]		☐	☐	☐
☐	[ ]		☐	☐	☐
☐	[ ]		☐	☐	☐
☐	[ ]		☐	☐	☐
☐	[ ]		☐	☐	☐
☐	[ ]		☐	☐	☐
☐	[ ]		☐	☐	☐
☐	[ ]		☐	☐	☐
☐	[ ]		☐	☐	☐

DONE	DATE	DESCRIPTION	PRIORITY		
			LOW	MID	HIGH
☐	[ ]		☐	☐	☐
☐	[ ]		☐	☐	☐
☐	[ ]		☐	☐	☐
☐	[ ]		☐	☐	☐
☐	[ ]		☐	☐	☐
☐	[ ]		☐	☐	☐
☐	[ ]		☐	☐	☐
☐	[ ]		☐	☐	☐
☐	[ ]		☐	☐	☐
☐	[ ]		☐	☐	☐
☐	[ ]		☐	☐	☐
☐	[ ]		☐	☐	☐
☐	[ ]		☐	☐	☐
☐	[ ]		☐	☐	☐
☐	[ ]		☐	☐	☐
☐	[ ]		☐	☐	☐
☐	[ ]		☐	☐	☐
☐	[ ]		☐	☐	☐
☐	[ ]		☐	☐	☐
☐	[ ]		☐	☐	☐

DONE	DATE	DESCRIPTION	PRIORITY		
			LOW	MID	HIGH
☐	[ ]	_____	☐	☐	☐
☐	[ ]	_____	☐	☐	☐
☐	[ ]	_____	☐	☐	☐
☐	[ ]	_____	☐	☐	☐
☐	[ ]	_____	☐	☐	☐
☐	[ ]	_____	☐	☐	☐
☐	[ ]	_____	☐	☐	☐
☐	[ ]	_____	☐	☐	☐
☐	[ ]	_____	☐	☐	☐
☐	[ ]	_____	☐	☐	☐
☐	[ ]	_____	☐	☐	☐
☐	[ ]	_____	☐	☐	☐
☐	[ ]	_____	☐	☐	☐
☐	[ ]	_____	☐	☐	☐
☐	[ ]	_____	☐	☐	☐
☐	[ ]	_____	☐	☐	☐
☐	[ ]	_____	☐	☐	☐
☐	[ ]	_____	☐	☐	☐
☐	[ ]	_____	☐	☐	☐
☐	[ ]	_____	☐	☐	☐

DONE	DATE	DESCRIPTION	PRIORITY		
			LOW	MID	HIGH
☐	[ ]	_____	☐	☐	☐
☐	[ ]	_____	☐	☐	☐
☐	[ ]	_____	☐	☐	☐
☐	[ ]	_____	☐	☐	☐
☐	[ ]	_____	☐	☐	☐
☐	[ ]	_____	☐	☐	☐
☐	[ ]	_____	☐	☐	☐
☐	[ ]	_____	☐	☐	☐
☐	[ ]	_____	☐	☐	☐
☐	[ ]	_____	☐	☐	☐
☐	[ ]	_____	☐	☐	☐
☐	[ ]	_____	☐	☐	☐
☐	[ ]	_____	☐	☐	☐
☐	[ ]	_____	☐	☐	☐
☐	[ ]	_____	☐	☐	☐
☐	[ ]	_____	☐	☐	☐
☐	[ ]	_____	☐	☐	☐
☐	[ ]	_____	☐	☐	☐
☐	[ ]	_____	☐	☐	☐
☐	[ ]	_____	☐	☐	☐

DONE	DATE	DESCRIPTION	PRIORITY		
			LOW	MID	HIGH
☐	[ ]		☐	☐	☐
☐	[ ]		☐	☐	☐
☐	[ ]		☐	☐	☐
☐	[ ]		☐	☐	☐
☐	[ ]		☐	☐	☐
☐	[ ]		☐	☐	☐
☐	[ ]		☐	☐	☐
☐	[ ]		☐	☐	☐
☐	[ ]		☐	☐	☐
☐	[ ]		☐	☐	☐
☐	[ ]		☐	☐	☐
☐	[ ]		☐	☐	☐
☐	[ ]		☐	☐	☐
☐	[ ]		☐	☐	☐
☐	[ ]		☐	☐	☐
☐	[ ]		☐	☐	☐
☐	[ ]		☐	☐	☐
☐	[ ]		☐	☐	☐
☐	[ ]		☐	☐	☐
☐	[ ]		☐	☐	☐

DONE	DATE	DESCRIPTION	PRIORITY		
			LOW	MID	HIGH
☐	[ ]		☐	☐	☐
☐	[ ]		☐	☐	☐
☐	[ ]		☐	☐	☐
☐	[ ]		☐	☐	☐
☐	[ ]		☐	☐	☐
☐	[ ]		☐	☐	☐
☐	[ ]		☐	☐	☐
☐	[ ]		☐	☐	☐
☐	[ ]		☐	☐	☐
☐	[ ]		☐	☐	☐
☐	[ ]		☐	☐	☐
☐	[ ]		☐	☐	☐
☐	[ ]		☐	☐	☐
☐	[ ]		☐	☐	☐
☐	[ ]		☐	☐	☐
☐	[ ]		☐	☐	☐
☐	[ ]		☐	☐	☐
☐	[ ]		☐	☐	☐
☐	[ ]		☐	☐	☐
☐	[ ]		☐	☐	☐

DONE	DATE	DESCRIPTION	PRIORITY		
			LOW	MID	HIGH
☐	[ ]	_____	☐	☐	☐
☐	[ ]	_____	☐	☐	☐
☐	[ ]	_____	☐	☐	☐
☐	[ ]	_____	☐	☐	☐
☐	[ ]	_____	☐	☐	☐
☐	[ ]	_____	☐	☐	☐
☐	[ ]	_____	☐	☐	☐
☐	[ ]	_____	☐	☐	☐
☐	[ ]	_____	☐	☐	☐
☐	[ ]	_____	☐	☐	☐
☐	[ ]	_____	☐	☐	☐
☐	[ ]	_____	☐	☐	☐
☐	[ ]	_____	☐	☐	☐
☐	[ ]	_____	☐	☐	☐
☐	[ ]	_____	☐	☐	☐
☐	[ ]	_____	☐	☐	☐
☐	[ ]	_____	☐	☐	☐
☐	[ ]	_____	☐	☐	☐
☐	[ ]	_____	☐	☐	☐
☐	[ ]	_____	☐	☐	☐

DONE	DATE	DESCRIPTION	PRIORITY		
			LOW	MID	HIGH
☐	[ ]	_____	☐	☐	☐
☐	[ ]	_____	☐	☐	☐
☐	[ ]	_____	☐	☐	☐
☐	[ ]	_____	☐	☐	☐
☐	[ ]	_____	☐	☐	☐
☐	[ ]	_____	☐	☐	☐
☐	[ ]	_____	☐	☐	☐
☐	[ ]	_____	☐	☐	☐
☐	[ ]	_____	☐	☐	☐
☐	[ ]	_____	☐	☐	☐
☐	[ ]	_____	☐	☐	☐
☐	[ ]	_____	☐	☐	☐
☐	[ ]	_____	☐	☐	☐
☐	[ ]	_____	☐	☐	☐
☐	[ ]	_____	☐	☐	☐
☐	[ ]	_____	☐	☐	☐
☐	[ ]	_____	☐	☐	☐
☐	[ ]	_____	☐	☐	☐
☐	[ ]	_____	☐	☐	☐
☐	[ ]	_____	☐	☐	☐

DONE	DATE	DESCRIPTION	PRIORITY		
			LOW	MID	HIGH
☐	[ ]	_____	☐	☐	☐
☐	[ ]	_____	☐	☐	☐
☐	[ ]	_____	☐	☐	☐
☐	[ ]	_____	☐	☐	☐
☐	[ ]	_____	☐	☐	☐
☐	[ ]	_____	☐	☐	☐
☐	[ ]	_____	☐	☐	☐
☐	[ ]	_____	☐	☐	☐
☐	[ ]	_____	☐	☐	☐
☐	[ ]	_____	☐	☐	☐
☐	[ ]	_____	☐	☐	☐
☐	[ ]	_____	☐	☐	☐
☐	[ ]	_____	☐	☐	☐
☐	[ ]	_____	☐	☐	☐
☐	[ ]	_____	☐	☐	☐
☐	[ ]	_____	☐	☐	☐
☐	[ ]	_____	☐	☐	☐
☐	[ ]	_____	☐	☐	☐
☐	[ ]	_____	☐	☐	☐
☐	[ ]	_____	☐	☐	☐

DONE	DATE	DESCRIPTION	PRIORITY		
			LOW	MID	HIGH
☐	[　　]	_____	☐	☐	☐
☐	[　　]	_____	☐	☐	☐
☐	[　　]	_____	☐	☐	☐
☐	[　　]	_____	☐	☐	☐
☐	[　　]	_____	☐	☐	☐
☐	[　　]	_____	☐	☐	☐
☐	[　　]	_____	☐	☐	☐
☐	[　　]	_____	☐	☐	☐
☐	[　　]	_____	☐	☐	☐
☐	[　　]	_____	☐	☐	☐
☐	[　　]	_____	☐	☐	☐
☐	[　　]	_____	☐	☐	☐
☐	[　　]	_____	☐	☐	☐
☐	[　　]	_____	☐	☐	☐
☐	[　　]	_____	☐	☐	☐
☐	[　　]	_____	☐	☐	☐
☐	[　　]	_____	☐	☐	☐
☐	[　　]	_____	☐	☐	☐
☐	[　　]	_____	☐	☐	☐
☐	[　　]	_____	☐	☐	☐

DONE	DATE	DESCRIPTION	PRIORITY		
			LOW	MID	HIGH
☐	[ ]	_____	☐	☐	☐
☐	[ ]	_____	☐	☐	☐
☐	[ ]	_____	☐	☐	☐
☐	[ ]	_____	☐	☐	☐
☐	[ ]	_____	☐	☐	☐
☐	[ ]	_____	☐	☐	☐
☐	[ ]	_____	☐	☐	☐
☐	[ ]	_____	☐	☐	☐
☐	[ ]	_____	☐	☐	☐
☐	[ ]	_____	☐	☐	☐
☐	[ ]	_____	☐	☐	☐
☐	[ ]	_____	☐	☐	☐
☐	[ ]	_____	☐	☐	☐
☐	[ ]	_____	☐	☐	☐
☐	[ ]	_____	☐	☐	☐
☐	[ ]	_____	☐	☐	☐
☐	[ ]	_____	☐	☐	☐
☐	[ ]	_____	☐	☐	☐
☐	[ ]	_____	☐	☐	☐
☐	[ ]	_____	☐	☐	☐

DONE	DATE	DESCRIPTION	PRIORITY		
			LOW	MID	HIGH
☐	[ ]	_____	☐	☐	☐
☐	[ ]	_____	☐	☐	☐
☐	[ ]	_____	☐	☐	☐
☐	[ ]	_____	☐	☐	☐
☐	[ ]	_____	☐	☐	☐
☐	[ ]	_____	☐	☐	☐
☐	[ ]	_____	☐	☐	☐
☐	[ ]	_____	☐	☐	☐
☐	[ ]	_____	☐	☐	☐
☐	[ ]	_____	☐	☐	☐
☐	[ ]	_____	☐	☐	☐
☐	[ ]	_____	☐	☐	☐
☐	[ ]	_____	☐	☐	☐
☐	[ ]	_____	☐	☐	☐
☐	[ ]	_____	☐	☐	☐
☐	[ ]	_____	☐	☐	☐
☐	[ ]	_____	☐	☐	☐
☐	[ ]	_____	☐	☐	☐
☐	[ ]	_____	☐	☐	☐
☐	[ ]	_____	☐	☐	☐

DONE	DATE	DESCRIPTION	PRIORITY		
			LOW	MID	HIGH
☐	[ ]	_____	☐	☐	☐
☐	[ ]	_____	☐	☐	☐
☐	[ ]	_____	☐	☐	☐
☐	[ ]	_____	☐	☐	☐
☐	[ ]	_____	☐	☐	☐
☐	[ ]	_____	☐	☐	☐
☐	[ ]	_____	☐	☐	☐
☐	[ ]	_____	☐	☐	☐
☐	[ ]	_____	☐	☐	☐
☐	[ ]	_____	☐	☐	☐
☐	[ ]	_____	☐	☐	☐
☐	[ ]	_____	☐	☐	☐
☐	[ ]	_____	☐	☐	☐
☐	[ ]	_____	☐	☐	☐
☐	[ ]	_____	☐	☐	☐
☐	[ ]	_____	☐	☐	☐
☐	[ ]	_____	☐	☐	☐
☐	[ ]	_____	☐	☐	☐
☐	[ ]	_____	☐	☐	☐
☐	[ ]	_____	☐	☐	☐

DONE	DATE	DESCRIPTION	PRIORITY		
			LOW	MID	HIGH
☐	[ ]		☐	☐	☐
☐	[ ]		☐	☐	☐
☐	[ ]		☐	☐	☐
☐	[ ]		☐	☐	☐
☐	[ ]		☐	☐	☐
☐	[ ]		☐	☐	☐
☐	[ ]		☐	☐	☐
☐	[ ]		☐	☐	☐
☐	[ ]		☐	☐	☐
☐	[ ]		☐	☐	☐
☐	[ ]		☐	☐	☐
☐	[ ]		☐	☐	☐
☐	[ ]		☐	☐	☐
☐	[ ]		☐	☐	☐
☐	[ ]		☐	☐	☐
☐	[ ]		☐	☐	☐
☐	[ ]		☐	☐	☐
☐	[ ]		☐	☐	☐
☐	[ ]		☐	☐	☐
☐	[ ]		☐	☐	☐

DONE	DATE	DESCRIPTION	PRIORITY		
			LOW	MID	HIGH
☐	[ ]	_____	☐	☐	☐
☐	[ ]	_____	☐	☐	☐
☐	[ ]	_____	☐	☐	☐
☐	[ ]	_____	☐	☐	☐
☐	[ ]	_____	☐	☐	☐
☐	[ ]	_____	☐	☐	☐
☐	[ ]	_____	☐	☐	☐
☐	[ ]	_____	☐	☐	☐
☐	[ ]	_____	☐	☐	☐
☐	[ ]	_____	☐	☐	☐
☐	[ ]	_____	☐	☐	☐
☐	[ ]	_____	☐	☐	☐
☐	[ ]	_____	☐	☐	☐
☐	[ ]	_____	☐	☐	☐
☐	[ ]	_____	☐	☐	☐
☐	[ ]	_____	☐	☐	☐
☐	[ ]	_____	☐	☐	☐
☐	[ ]	_____	☐	☐	☐
☐	[ ]	_____	☐	☐	☐
☐	[ ]	_____	☐	☐	☐

DONE	DATE	DESCRIPTION	PRIORITY		
			LOW	MID	HIGH
☐	[ ]	_____	☐	☐	☐
☐	[ ]	_____	☐	☐	☐
☐	[ ]	_____	☐	☐	☐
☐	[ ]	_____	☐	☐	☐
☐	[ ]	_____	☐	☐	☐
☐	[ ]	_____	☐	☐	☐
☐	[ ]	_____	☐	☐	☐
☐	[ ]	_____	☐	☐	☐
☐	[ ]	_____	☐	☐	☐
☐	[ ]	_____	☐	☐	☐
☐	[ ]	_____	☐	☐	☐
☐	[ ]	_____	☐	☐	☐
☐	[ ]	_____	☐	☐	☐
☐	[ ]	_____	☐	☐	☐
☐	[ ]	_____	☐	☐	☐
☐	[ ]	_____	☐	☐	☐
☐	[ ]	_____	☐	☐	☐
☐	[ ]	_____	☐	☐	☐
☐	[ ]	_____	☐	☐	☐
☐	[ ]	_____	☐	☐	☐

DONE	DATE	DESCRIPTION	PRIORITY		
			LOW	MID	HIGH
☐	[ ]	_____	☐	☐	☐
☐	[ ]	_____	☐	☐	☐
☐	[ ]	_____	☐	☐	☐
☐	[ ]	_____	☐	☐	☐
☐	[ ]	_____	☐	☐	☐
☐	[ ]	_____	☐	☐	☐
☐	[ ]	_____	☐	☐	☐
☐	[ ]	_____	☐	☐	☐
☐	[ ]	_____	☐	☐	☐
☐	[ ]	_____	☐	☐	☐
☐	[ ]	_____	☐	☐	☐
☐	[ ]	_____	☐	☐	☐
☐	[ ]	_____	☐	☐	☐
☐	[ ]	_____	☐	☐	☐
☐	[ ]	_____	☐	☐	☐
☐	[ ]	_____	☐	☐	☐
☐	[ ]	_____	☐	☐	☐
☐	[ ]	_____	☐	☐	☐
☐	[ ]	_____	☐	☐	☐
☐	[ ]	_____	☐	☐	☐

DONE	DATE	DESCRIPTION	PRIORITY		
			LOW	MID	HIGH
☐	[ ]		☐	☐	☐
☐	[ ]		☐	☐	☐
☐	[ ]		☐	☐	☐
☐	[ ]		☐	☐	☐
☐	[ ]		☐	☐	☐
☐	[ ]		☐	☐	☐
☐	[ ]		☐	☐	☐
☐	[ ]		☐	☐	☐
☐	[ ]		☐	☐	☐
☐	[ ]		☐	☐	☐
☐	[ ]		☐	☐	☐
☐	[ ]		☐	☐	☐
☐	[ ]		☐	☐	☐
☐	[ ]		☐	☐	☐
☐	[ ]		☐	☐	☐
☐	[ ]		☐	☐	☐
☐	[ ]		☐	☐	☐
☐	[ ]		☐	☐	☐
☐	[ ]		☐	☐	☐

DONE	DATE	DESCRIPTION	PRIORITY		
			LOW	MID	HIGH
☐	[ ]		☐	☐	☐
☐	[ ]		☐	☐	☐
☐	[ ]		☐	☐	☐
☐	[ ]		☐	☐	☐
☐	[ ]		☐	☐	☐
☐	[ ]		☐	☐	☐
☐	[ ]		☐	☐	☐
☐	[ ]		☐	☐	☐
☐	[ ]		☐	☐	☐
☐	[ ]		☐	☐	☐
☐	[ ]		☐	☐	☐
☐	[ ]		☐	☐	☐
☐	[ ]		☐	☐	☐
☐	[ ]		☐	☐	☐
☐	[ ]		☐	☐	☐
☐	[ ]		☐	☐	☐
☐	[ ]		☐	☐	☐
☐	[ ]		☐	☐	☐
☐	[ ]		☐	☐	☐

DONE	DATE	DESCRIPTION	PRIORITY		
			LOW	MID	HIGH
☐	[ ]	_____	☐	☐	☐
☐	[ ]	_____	☐	☐	☐
☐	[ ]	_____	☐	☐	☐
☐	[ ]	_____	☐	☐	☐
☐	[ ]	_____	☐	☐	☐
☐	[ ]	_____	☐	☐	☐
☐	[ ]	_____	☐	☐	☐
☐	[ ]	_____	☐	☐	☐
☐	[ ]	_____	☐	☐	☐
☐	[ ]	_____	☐	☐	☐
☐	[ ]	_____	☐	☐	☐
☐	[ ]	_____	☐	☐	☐
☐	[ ]	_____	☐	☐	☐
☐	[ ]	_____	☐	☐	☐
☐	[ ]	_____	☐	☐	☐
☐	[ ]	_____	☐	☐	☐
☐	[ ]	_____	☐	☐	☐
☐	[ ]	_____	☐	☐	☐
☐	[ ]	_____	☐	☐	☐
☐	[ ]	_____	☐	☐	☐

DONE	DATE	DESCRIPTION	PRIORITY		
			LOW	MID	HIGH
☐	[ ]	_____	☐	☐	☐
☐	[ ]	_____	☐	☐	☐
☐	[ ]	_____	☐	☐	☐
☐	[ ]	_____	☐	☐	☐
☐	[ ]	_____	☐	☐	☐
☐	[ ]	_____	☐	☐	☐
☐	[ ]	_____	☐	☐	☐
☐	[ ]	_____	☐	☐	☐
☐	[ ]	_____	☐	☐	☐
☐	[ ]	_____	☐	☐	☐
☐	[ ]	_____	☐	☐	☐
☐	[ ]	_____	☐	☐	☐
☐	[ ]	_____	☐	☐	☐
☐	[ ]	_____	☐	☐	☐
☐	[ ]	_____	☐	☐	☐
☐	[ ]	_____	☐	☐	☐
☐	[ ]	_____	☐	☐	☐
☐	[ ]	_____	☐	☐	☐
☐	[ ]	_____	☐	☐	☐
☐	[ ]	_____	☐	☐	☐

DONE	DATE	DESCRIPTION	PRIORITY		
			LOW	MID	HIGH
☐	[ ]	_____	☐	☐	☐
☐	[ ]	_____	☐	☐	☐
☐	[ ]	_____	☐	☐	☐
☐	[ ]	_____	☐	☐	☐
☐	[ ]	_____	☐	☐	☐
☐	[ ]	_____	☐	☐	☐
☐	[ ]	_____	☐	☐	☐
☐	[ ]	_____	☐	☐	☐
☐	[ ]	_____	☐	☐	☐
☐	[ ]	_____	☐	☐	☐
☐	[ ]	_____	☐	☐	☐
☐	[ ]	_____	☐	☐	☐
☐	[ ]	_____	☐	☐	☐
☐	[ ]	_____	☐	☐	☐
☐	[ ]	_____	☐	☐	☐
☐	[ ]	_____	☐	☐	☐
☐	[ ]	_____	☐	☐	☐
☐	[ ]	_____	☐	☐	☐
☐	[ ]	_____	☐	☐	☐
☐	[ ]	_____	☐	☐	☐

DONE	DATE	DESCRIPTION	PRIORITY		
			LOW	MID	HIGH
☐	[ ]	_____	☐	☐	☐
☐	[ ]	_____	☐	☐	☐
☐	[ ]	_____	☐	☐	☐
☐	[ ]	_____	☐	☐	☐
☐	[ ]	_____	☐	☐	☐
☐	[ ]	_____	☐	☐	☐
☐	[ ]	_____	☐	☐	☐
☐	[ ]	_____	☐	☐	☐
☐	[ ]	_____	☐	☐	☐
☐	[ ]	_____	☐	☐	☐
☐	[ ]	_____	☐	☐	☐
☐	[ ]	_____	☐	☐	☐
☐	[ ]	_____	☐	☐	☐
☐	[ ]	_____	☐	☐	☐
☐	[ ]	_____	☐	☐	☐
☐	[ ]	_____	☐	☐	☐
☐	[ ]	_____	☐	☐	☐
☐	[ ]	_____	☐	☐	☐
☐	[ ]	_____	☐	☐	☐
☐	[ ]	_____	☐	☐	☐

DONE	DATE	DESCRIPTION	PRIORITY		
			LOW	MID	HIGH
☐	[ ]	_____	☐	☐	☐
☐	[ ]	_____	☐	☐	☐
☐	[ ]	_____	☐	☐	☐
☐	[ ]	_____	☐	☐	☐
☐	[ ]	_____	☐	☐	☐
☐	[ ]	_____	☐	☐	☐
☐	[ ]	_____	☐	☐	☐
☐	[ ]	_____	☐	☐	☐
☐	[ ]	_____	☐	☐	☐
☐	[ ]	_____	☐	☐	☐
☐	[ ]	_____	☐	☐	☐
☐	[ ]	_____	☐	☐	☐
☐	[ ]	_____	☐	☐	☐
☐	[ ]	_____	☐	☐	☐
☐	[ ]	_____	☐	☐	☐
☐	[ ]	_____	☐	☐	☐
☐	[ ]	_____	☐	☐	☐
☐	[ ]	_____	☐	☐	☐
☐	[ ]	_____	☐	☐	☐
☐	[ ]	_____	☐	☐	☐

DONE	DATE	DESCRIPTION	PRIORITY		
			LOW	MID	HIGH
☐	[ ]		☐	☐	☐
☐	[ ]		☐	☐	☐
☐	[ ]		☐	☐	☐
☐	[ ]		☐	☐	☐
☐	[ ]		☐	☐	☐
☐	[ ]		☐	☐	☐
☐	[ ]		☐	☐	☐
☐	[ ]		☐	☐	☐
☐	[ ]		☐	☐	☐
☐	[ ]		☐	☐	☐
☐	[ ]		☐	☐	☐
☐	[ ]		☐	☐	☐
☐	[ ]		☐	☐	☐
☐	[ ]		☐	☐	☐
☐	[ ]		☐	☐	☐
☐	[ ]		☐	☐	☐
☐	[ ]		☐	☐	☐
☐	[ ]		☐	☐	☐
☐	[ ]		☐	☐	☐

DONE	DATE	DESCRIPTION	PRIORITY		
			LOW	MID	HIGH
☐	[ ]	_____	☐	☐	☐
☐	[ ]	_____	☐	☐	☐
☐	[ ]	_____	☐	☐	☐
☐	[ ]	_____	☐	☐	☐
☐	[ ]	_____	☐	☐	☐
☐	[ ]	_____	☐	☐	☐
☐	[ ]	_____	☐	☐	☐
☐	[ ]	_____	☐	☐	☐
☐	[ ]	_____	☐	☐	☐
☐	[ ]	_____	☐	☐	☐
☐	[ ]	_____	☐	☐	☐
☐	[ ]	_____	☐	☐	☐
☐	[ ]	_____	☐	☐	☐
☐	[ ]	_____	☐	☐	☐
☐	[ ]	_____	☐	☐	☐
☐	[ ]	_____	☐	☐	☐
☐	[ ]	_____	☐	☐	☐
☐	[ ]	_____	☐	☐	☐
☐	[ ]	_____	☐	☐	☐

DONE	DATE	DESCRIPTION	PRIORITY		
			LOW	MID	HIGH
☐	[　　]	_____	☐	☐	☐
☐	[　　]	_____	☐	☐	☐
☐	[　　]	_____	☐	☐	☐
☐	[　　]	_____	☐	☐	☐
☐	[　　]	_____	☐	☐	☐
☐	[　　]	_____	☐	☐	☐
☐	[　　]	_____	☐	☐	☐
☐	[　　]	_____	☐	☐	☐
☐	[　　]	_____	☐	☐	☐
☐	[　　]	_____	☐	☐	☐
☐	[　　]	_____	☐	☐	☐
☐	[　　]	_____	☐	☐	☐
☐	[　　]	_____	☐	☐	☐
☐	[　　]	_____	☐	☐	☐
☐	[　　]	_____	☐	☐	☐
☐	[　　]	_____	☐	☐	☐
☐	[　　]	_____	☐	☐	☐
☐	[　　]	_____	☐	☐	☐
☐	[　　]	_____	☐	☐	☐
☐	[　　]	_____	☐	☐	☐

DONE	DATE	DESCRIPTION	PRIORITY		
			LOW	MID	HIGH
☐	[ ]	_____	☐	☐	☐
☐	[ ]	_____	☐	☐	☐
☐	[ ]	_____	☐	☐	☐
☐	[ ]	_____	☐	☐	☐
☐	[ ]	_____	☐	☐	☐
☐	[ ]	_____	☐	☐	☐
☐	[ ]	_____	☐	☐	☐
☐	[ ]	_____	☐	☐	☐
☐	[ ]	_____	☐	☐	☐
☐	[ ]	_____	☐	☐	☐
☐	[ ]	_____	☐	☐	☐
☐	[ ]	_____	☐	☐	☐
☐	[ ]	_____	☐	☐	☐
☐	[ ]	_____	☐	☐	☐
☐	[ ]	_____	☐	☐	☐
☐	[ ]	_____	☐	☐	☐
☐	[ ]	_____	☐	☐	☐
☐	[ ]	_____	☐	☐	☐
☐	[ ]	_____	☐	☐	☐
☐	[ ]	_____	☐	☐	☐

DONE	DATE	DESCRIPTION	PRIORITY		
			LOW	MID	HIGH
☐	[ ]	_____	☐	☐	☐
☐	[ ]	_____	☐	☐	☐
☐	[ ]	_____	☐	☐	☐
☐	[ ]	_____	☐	☐	☐
☐	[ ]	_____	☐	☐	☐
☐	[ ]	_____	☐	☐	☐
☐	[ ]	_____	☐	☐	☐
☐	[ ]	_____	☐	☐	☐
☐	[ ]	_____	☐	☐	☐
☐	[ ]	_____	☐	☐	☐
☐	[ ]	_____	☐	☐	☐
☐	[ ]	_____	☐	☐	☐
☐	[ ]	_____	☐	☐	☐
☐	[ ]	_____	☐	☐	☐
☐	[ ]	_____	☐	☐	☐
☐	[ ]	_____	☐	☐	☐
☐	[ ]	_____	☐	☐	☐
☐	[ ]	_____	☐	☐	☐
☐	[ ]	_____	☐	☐	☐
☐	[ ]	_____	☐	☐	☐

DONE	DATE	DESCRIPTION	PRIORITY		
			LOW	MID	HIGH
☐	[ ]		☐	☐	☐
☐	[ ]		☐	☐	☐
☐	[ ]		☐	☐	☐
☐	[ ]		☐	☐	☐
☐	[ ]		☐	☐	☐
☐	[ ]		☐	☐	☐
☐	[ ]		☐	☐	☐
☐	[ ]		☐	☐	☐
☐	[ ]		☐	☐	☐
☐	[ ]		☐	☐	☐
☐	[ ]		☐	☐	☐
☐	[ ]		☐	☐	☐
☐	[ ]		☐	☐	☐
☐	[ ]		☐	☐	☐
☐	[ ]		☐	☐	☐
☐	[ ]		☐	☐	☐
☐	[ ]		☐	☐	☐
☐	[ ]		☐	☐	☐
☐	[ ]		☐	☐	☐
☐	[ ]		☐	☐	☐

DONE	DATE	DESCRIPTION	PRIORITY		
			LOW	MID	HIGH
☐	[ ]	_____	☐	☐	☐
☐	[ ]	_____	☐	☐	☐
☐	[ ]	_____	☐	☐	☐
☐	[ ]	_____	☐	☐	☐
☐	[ ]	_____	☐	☐	☐
☐	[ ]	_____	☐	☐	☐
☐	[ ]	_____	☐	☐	☐
☐	[ ]	_____	☐	☐	☐
☐	[ ]	_____	☐	☐	☐
☐	[ ]	_____	☐	☐	☐
☐	[ ]	_____	☐	☐	☐
☐	[ ]	_____	☐	☐	☐
☐	[ ]	_____	☐	☐	☐
☐	[ ]	_____	☐	☐	☐
☐	[ ]	_____	☐	☐	☐
☐	[ ]	_____	☐	☐	☐
☐	[ ]	_____	☐	☐	☐
☐	[ ]	_____	☐	☐	☐
☐	[ ]	_____	☐	☐	☐
☐	[ ]	_____	☐	☐	☐

DONE	DATE	DESCRIPTION	PRIORITY		
			LOW	MID	HIGH
☐	[ ]	_____	☐	☐	☐
☐	[ ]	_____	☐	☐	☐
☐	[ ]	_____	☐	☐	☐
☐	[ ]	_____	☐	☐	☐
☐	[ ]	_____	☐	☐	☐
☐	[ ]	_____	☐	☐	☐
☐	[ ]	_____	☐	☐	☐
☐	[ ]	_____	☐	☐	☐
☐	[ ]	_____	☐	☐	☐
☐	[ ]	_____	☐	☐	☐
☐	[ ]	_____	☐	☐	☐
☐	[ ]	_____	☐	☐	☐
☐	[ ]	_____	☐	☐	☐
☐	[ ]	_____	☐	☐	☐
☐	[ ]	_____	☐	☐	☐
☐	[ ]	_____	☐	☐	☐
☐	[ ]	_____	☐	☐	☐
☐	[ ]	_____	☐	☐	☐
☐	[ ]	_____	☐	☐	☐
☐	[ ]	_____	☐	☐	☐

NOTES

NOTES

NOTES

NOTES

© Copyright 2018 – PaperBCK XPress

ISBN-13:

ALL RIGHTS RESERVED.

No part of this publication may be reproduced or transmitted in any form whatsoever, electronic, or mechanical, including photocopying, recording, or by any informational storage or retrieval system without express written, dated and signed permission from the author.

www.ingramcontent.com/pod-product-compliance
Lightning Source LLC
Chambersburg PA
CBHW080943170526
45158CB00008B/2361